**Grammatik üben
Lernstufe** ●●○

Denise Doukas-Handschuh

Grammatik üben

Lernstufe ●●○

Ernst Klett Sprachen
Stuttgart

Die **Lösungen aller Aufgaben** stehen unter www.klett-sprachen.de/grammatik-ueben als kostenloser Download zur Verfügung.

1. Auflage 1 ⁵ ⁴ ³ ² | 2020 19 18 17

Alle Drucke dieser Auflage können im Unterricht nebeneinander verwendet werden. Die letzte Zahl bezeichnet das Jahr des Druckes. Das Werk und seine Teile sind urheberrechtlich geschützt. Jede Nutzung in anderen als den gesetzlich zugelassenen Fällen bedarf der vorherigen schriftlichen Einwilligung des Verlags. Hinweis zu § 52 a UrhG: Weder das Werk noch seine Teile dürfen ohne eine solche Einwilligung eingescannt und in ein Netzwerk eingestellt werden. Dies gilt auch für Intranets von Schulen und sonstigen Bildungseinrichtungen. Fotomechanische oder andere Wiedergabeverfahren nur mit Genehmigung des Verlags.

© Ernst Klett Sprachen GmbH, Rotebühlstraße 77, 70178 Stuttgart, 2016.
Alle Rechte vorbehalten.
Internetadresse: www.klett-sprachen.de

Autorin: Denise Doukas-Handschuh
Konzept: Sebastian Weber
Redaktion: Sebastian Weber, Susanne Schindler
Layoutgestaltung: Sandra Vrabec, Andreas Drabarek
Satz und Gestaltung: Satz & mehr, Besigheim
Illustrationen: Friederike Ablang, Berlin
Umschlaggestaltung: Andreas Drabarek

Druck und Bindung: AZ Druck- und Datentechnik GmbH, Kempten

Printed in Germany

ISBN 978-3-12-674851-3

Inhaltsverzeichnis

Vorwort 6

Vor dem Start 8
- Zum Nachschlagen 8
- Das Üben üben 10

Einkaufen 12
- Wichtige Wörter 12
- Die Wörter üben 14
- Einkaufen | Verben mit Akkusativobjekt 16
- Ich möchte Pizza essen | Modalverben 18
- In der Küche | Inversion / Satzverkettung 20
- Mein Lieblingsessen | Adverbien und Steigerungsformen .. 22
- Ich mag keine Kirschen | Negativartikel 24
- Mehr Aufgaben für Profis und Partner 26

Körper und Gesundheit 28
- Wichtige Wörter 28
- Die Wörter üben 30
- Körperpflege | Possessivpronomen 32
- Ich rieche mit meiner Nase | „mit" + Dativ 34
- Noch mehr Körperpflege | Reflexivpronomen ... 36
- Komm! | Imperativ 38
- Augenarzt und Zahnarzt | Komposita 40
- Mehr Aufgaben für Profis und Partner 42

In der Stadt 44
- Wichtige Wörter 44
- Die Wörter üben 46
- Wo ist …? | Präpositionen mit Dativ 48
- Unterwegs in der Stadt | Sätze mit Ortsangaben .. 50
- Am Wochenende | Perfekt mit „haben" 52
- Unterwegs | Perfekt mit „sein" 54
- Mein Wochenende | Perfektsätze mit Inversion .. 56
- Mehr Aufgaben für Profis und Partner 58

- Teste dich! Einkaufen 60
- Teste dich! Körper und Gesundheit 61
- Teste dich! In der Stadt 62

- Wichtige Begriffe 63

Das habe ich geübt!

→ ✓

Vorwort

Das Heft **Grammatik üben** möchte Kinder, die Deutsch lernen, auf eine besondere Entdeckungsreise mitnehmen: Spielerisch erkunden die Schülerinnen und Schüler zahlreiche grammatische Themen und üben diese selbstständig.

Zu den Themen des vorliegenden Bandes gehören u.a. Possessiv- und Reflexivpronomen, Präpositionen, Modalverben, Perfekt mit *haben* und *sein* und der Imperativ.

Jede Doppelseite widmet sich einem grammatischen Thema. Die Übungen sind jeweils in einen thematischen Zusammenhang eingebettet, sodass der benötigte Wortschatz – der am Anfang jedes Kapitels eingeführt wird – überschaubar bleibt. Innerhalb des Heftes steigt der Schwierigkeitsgrad leicht an.

Mit dem Heft können die Schülerinnen und Schüler in differenzierenden Unterrichtsformen, der Lernzeit, im Förderunterricht oder zu Hause weitgehend selbstständig arbeiten.

- Vor dem Start – Diese Seiten führen in das Arbeiten mit dem Heft ein. Später dienen sie auch zum Nachschlagen.

- Wichtige Wörter und Die Wörter üben – Diese Doppelseiten bieten einen Überblick über den Wortschatz, der für das jeweilige Kapitel wichtig ist. Anhand von Rätseln und spielerischen Übungen werden die Wörter trainiert.

- Auf jeder Doppelseite Grammatik üben wird jeweils ein Thema eingeführt und anhand verschiedener spielerischer Übungsformen gefestigt. Die Übungen sind liebevoll und anschaulich illustriert.

- Grammatikregeln werden in Hinweiskästen leicht verständlich und systematisch dargestellt.

- In der Regel bieten die Aufgaben die Möglichkeit zur Selbstkontrolle, z.B. über ein Lösungswort.

- Die Lösungen aller Aufgaben stehen unter **www.klett-sprachen.de/Grammatik-ueben** zur Verfügung.

Etwas anspruchsvollere Aufgaben – die „Aufgaben für Profis" – sind mit einem Stern gekennzeichnet. Sie werden von den Schülerinnen und Schülern bearbeitet, die diese Aufgaben bereits bewältigen können.

Am Ende jedes Kapitels gibt es die Doppelseite Mehr Aufgaben für Profis und Partner. Hier finden sich Aufgaben für den einzelnen Schüler, aber auch Aufgaben für eine mögliche Partnerarbeit. Auf diesen Seiten wird auch die Kommunikation miteinander in den Fokus gerückt.

Zu jedem der drei Kapitel gibt es abschließend die Seite Teste dich! mit der Möglichkeit zur Selbstkontrolle. Ausgewählte grammatische Inhalte jedes Kapitels werden so noch einmal wiederholt.

Das kleine Glossar Wichtige Begriffe illustriert anhand von Beispielen und Bildern die grammatischen Fachbegriffe, die im Heft verwendet werden. Es ermöglicht den Schülerinnen und Schülern, bei Unsicherheiten selbstständig nachzuschlagen.

Grammatik üben gibt es übrigens auch für zwei weitere Lernstufen.

Und jetzt **viel Erfolg beim Üben!**

Vor dem Start

Zum Nachschlagen

Im Unterricht

Aufgaben: Das sollst du tun.

lesen
→ Lies.

schreiben
→ Schreibe.

nachfahren
→ Fahre nach.

verbinden
→ Verbinde.

ankreuzen
→ Kreuze an.

markieren
→ Markiere.

eintragen
→ Trage ein.

zuordnen
→ Ordne zu.

einkreisen
→ Kreise ein.

malen
→ Male.

rückwärts lesen
→ Lies rückwärts.

kontrollieren
→ Kontrolliere.

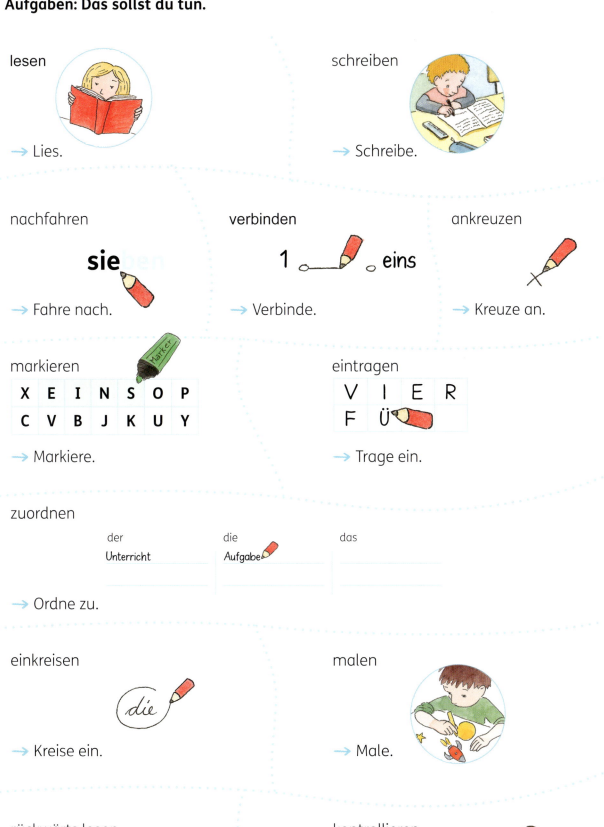

Das Üben üben

1. Die Zahlen von 1 bis 10: Fahre die Wörter nach.

1	2	3	4	5
eins	zwei	drei	vier	fünf

6	7	8	9	10
sechs	sieben	acht	neun	zehn

2. Finde und markiere die Zahlen aus Aufgabe 1.

D	R	E	I	C	A	C	H	T	J	M
X	F	Ü	N	F	P	N	E	U	N	L
V	B	Z	L	K	S	E	C	H	S	E
I	Q	E	M	M	X	Q	G	Ä	Z	I
E	T	H	S	I	E	B	E	N	Y	N
R	Ü	N	J	Z	W	E	I	K	X	S

3. Welche Zahlen sind das? Schreibe richtig auf.

acht

4. Mehr Zahlen: Fahre die Wörter nach und verbinde.

Lösung: S ___ ___ ___ ___ ___ + ___ ___ ___ ___ = zehn
　　　　10 20 30 40 50 60　70 80 90 100

5. Löse das Rätsel.

Lösung: __ I __ B __ __
         1 2 3 4 5 6

6. Trage die Zahlen ein.

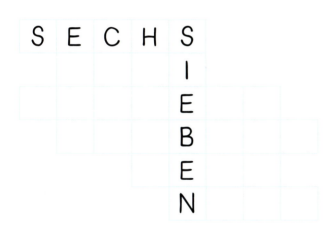

~~sechs~~ • hundert • zehn • neun • zwei • siebzig

7. Die Zahlen bis 100: Lies und kreuze an.

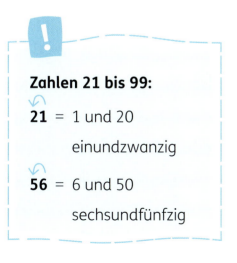

Zahlen 21 bis 99:

21 = 1 und 20

    einundzwanzig

56 = 6 und 50

    sechsundfünfzig

vierundzwanzig
- ☒ 24
- ☐ 34
- ☐ 42

siebenundachtzig
- ☐ 88
- ☐ 87
- ☐ 78

einundneunzig
- ☐ 81
- ☐ 93
- ☐ 91

sechsundsechzig
- ☐ 66
- ☐ 76
- ☐ 16

11

Einkaufen — Wichtige Wörter

Einkaufen

kaufen –
sie kauft
sie kaufte
sie hat gekauft

wiegen –
er wiegt
er wog
er hat gewogen

bezahlen –
er bezahlt
er bezahlte
er hat bezahlt

die Reihenfolge

zuerst → **dann** → **zum Schluss**

das Obst

der **Apfel** – die Äpfel

die **Banane** – die Bananen

die **Erdbeere** – die Erdbeeren

die **Birne** – die Birnen

die **Kirsche** – die Kirschen

die **Kiwi** – die Kiwis

das Gemüse

die **Tomate** – die Tomaten

die **Gurke** – die Gurken

die **Kartoffel** – die Kartoffeln

die **Zwiebel** – die Zwiebeln

Wichtige Wörter

In der Küche

schälen –
er schält
er schälte
er hat geschält

backen –
er backt
er backte
er hat gebacken

rühren –
er rührt
er rührte
er hat gerührt

schneiden –
er schneidet
er schnitt
er hat geschnitten

kochen –
er kocht
er kochte
er hat gekocht

essen –
er isst
er aß
er hat gegessen

trinken –
sie trinkt
sie trank
sie hat getrunken

die Speise – die Speisen

der Reis

die Nudel –
die Nudeln

das Hähnchen –
die Hähnchen

die Pizza –
die Pizzen / die Pizzas

das Fischstäbchen –
die Fischstäbchen

die Suppe –
die Suppen

der Salat –
die Salate

das Brot –
die Brote

das Eis

der Kuchen –
die Kuchen

das Getränk – die Getränke

der Saft –
die Säfte

das Mineralwasser

die Limonade –
die Limonaden

der Kakao

Die Wörter üben

1. Löse das Rätsel.

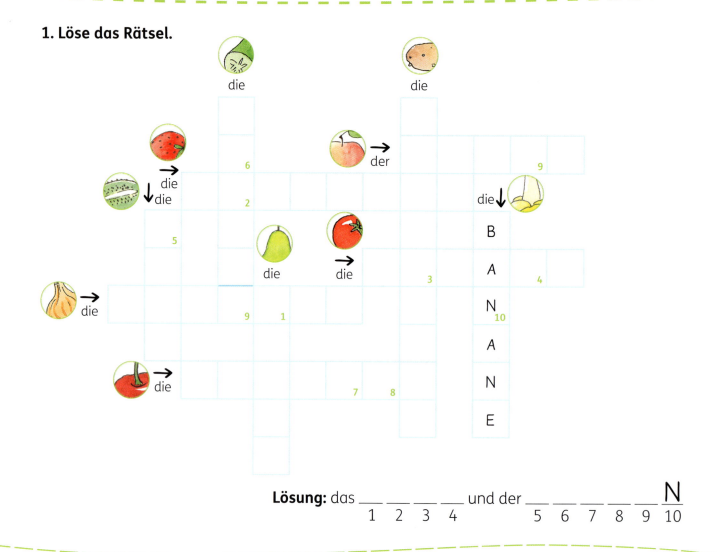

Lösung: das __ __ __ __ und der __ __ __ __ __ N
         1 2 3 4   5 6 7 8 9 10

2. Geheimschrift. Welche Wörter sind das? Schreibe richtig auf.

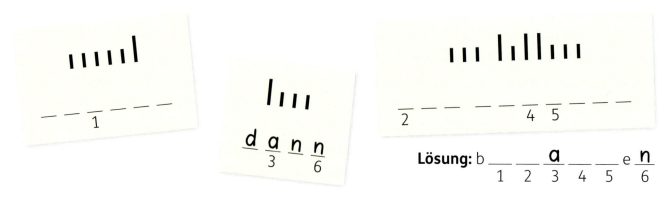

3. Welche Getränke sind das? Schreibe richtig auf.

das eralserMinwas   der kaoKa   der afSt   die moLidena

das Mineralwasser

14

Die Wörter üben

4. Speisen. Finde die Wörter.

DIE|SUPPE|DASFISCHSTÄBCHENDERREISDASHÄHNCHEN
DIEPIZZADIENUDELDERSALATDASEISDERKUCHENDASBROT

5. Was ist das? Schreibe die Wörter.

   die Suppe

6. Finde und markiere 10 Verben.

S	C	H	N	E	I	D	E	N	J	Z	E	B	Ä
G	X	C	V	B	Y	X	Q	W	Z	Ü	S	J	K
B	R	V	J	H	G	Q	D	Y	Ä	W	S	K	A
N	Ü	A	S	C	H	Ä	L	E	N	Y	E	M	U
W	H	J	V	Q	W	N	Ü	I	L	Ö	N	E	F
Q	R	Ü	M	B	A	C	K	E	N	M	Ü	Z	E
U	E	L	Q	T	Z	V	C	Y	X	W	H	Ä	N
A	N	R	K	O	C	H	E	N	B	I	D	F	C
F	Ü	I	R	M	V	Q	U	Z	N	E	Z	H	X
B	E	Z	A	H	L	E	N	P	L	G	W	Q	G
O	Ä	Y	C	B	K	X	V	E	Ü	E	Ö	V	Y
J	K	T	R	I	N	K	E	N	P	N	M	R	Z

15

Grammatik üben

Einkaufen | Verben mit Akkusativobjekt

1. Wer isst und trinkt was? Ordne zu.

Akkusativ:
der Kuchen → Ich esse **den** Kuchen.
die Limonade → Ich trinke **die** Limonade.
das Eis → Ich esse **das** Eis.
Plural:
die Kirschen → Ich esse **die** Kirschen.

Lösung: der R _ _ _
            1 2 3 4

2. Schüttelsätze. Was macht Sami? Schreibe.

das | Sami | Brot. | bezahlt

Sami bezahlt das Brot.

wiegt | Kartoffeln. | Er | die

die | Er | bezahlt | Kiwi.

Er | Eis. | das | isst

16

Grammatik üben

3. Was kaufe ich? Was kaufst du? Schreibe.

Ich kaufe einen Kuchen.   Du kaufst
Ich _____   Du _____

---

 unbestimmter Artikel:
Das Mädchen kauft **einen** Apfel.

 bestimmter Artikel:
Das Mädchen isst **den** Apfel.

4. Was passt zusammen? Ordne zu.

① Semira kauft ein Eis. Sie bezahlt das Brot. R
② Ali kauft eine Limonade. Er bezahlt den Kuchen. E
③ Frau Schmidt kauft ein Brot. Er trinkt die Limonade. I
④ Luna kauft einen Apfel. Sie isst das Eis. B
⑤ Herr Alavi kauft einen Kuchen. Sie isst den Apfel. N

Lösung: die B __ __ __ __
           1 2 3 4 5

Ich möchte Pizza essen | Modalverben

1. Was möchten die Kinder tun? Ordne zu.

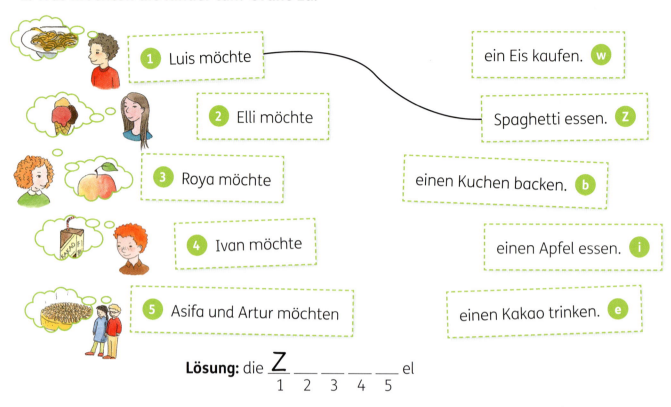

1. Luis möchte — Spaghetti essen. **z**
2. Elli möchte — ein Eis kaufen. **w**
3. Roya möchte — einen Apfel essen. **i**
4. Ivan möchte — einen Kakao trinken. **e**
5. Asifa und Artur möchten — einen Kuchen backen. **b**

Lösung: die Z __ __ __ __ el
            1 2 3 4 5

2. Was möchten die Kinder essen? Schreibe.

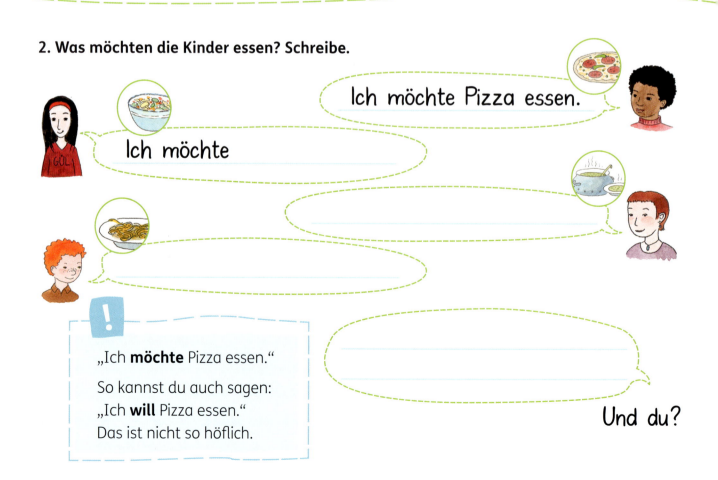

Ich möchte Pizza essen.

Ich möchte _____

!
„Ich **möchte** Pizza essen."
So kannst du auch sagen:
„Ich **will** Pizza essen."
Das ist nicht so höflich.

Und du?

Grammatik üben

3. Wer will was kaufen? Fahre nach und ordne zu.

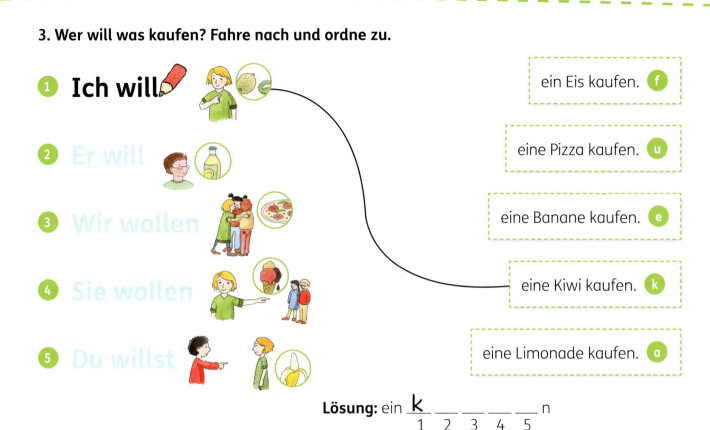

Lösung: ein k __ __ __ __ n
              1 2 3 4 5

4. Schüttelsätze. Lies und schreibe.

Er möchte heute einen Apfel kaufen.

Sie **möchte** heute Spaghetti **essen**.
Ich **will** ein Eis **kaufen**.

Grammatik üben

In der Küche | Inversion / Satzverkettung

1. Einen Apfelkuchen backen. Lies bitte und ordne zu.

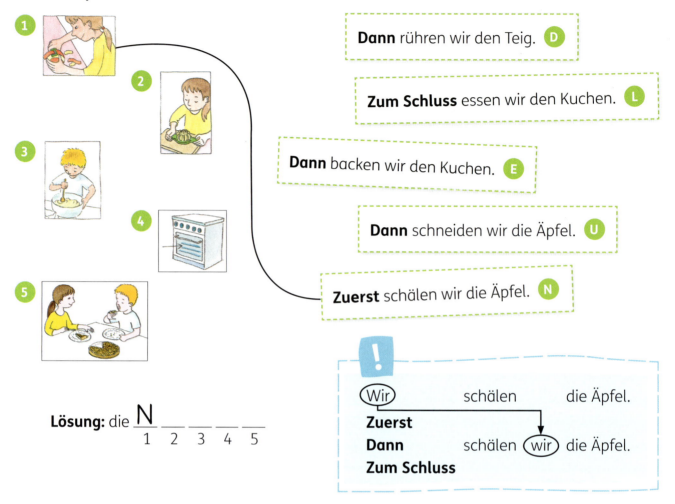

Lösung: die N __ __ __ __
         1 2 3 4 5

2. Pepes Mittagessen. Ordne zu.

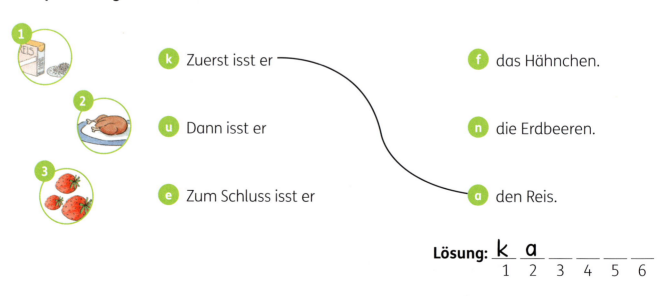

Lösung: k a __ __ __ __
        1 2 3 4 5 6

20

Grammatik üben

3. Pias Mittagessen. Schreibe.

dann • zum Schluss • dann • ~~zuerst~~

die Nudeln • ~~den Salat~~ • die Limonade • den Kuchen

1. Zuerst esse ich den Salat.
2. _____ esse ich _____
3. _____ trinke ich _____
4. _____ esse ich _____

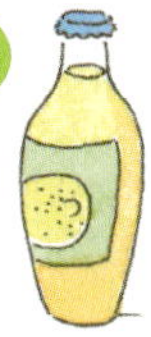

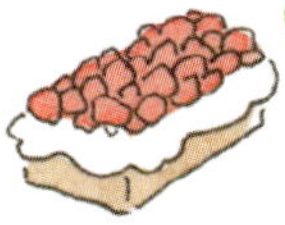

4. Schüttelsätze. Schreibe.

backt | Zuerst | Papa | den Kuchen.
Zuerst backt Papa den Kuchen.

die Suppe. | er | Dann | kocht

kocht | das Gemüse. | er | Dann

Dann | den Reis. | kocht | er

schneidet | er | Zum Schluss | das Brot.

Grammatik üben

Mein Lieblingsessen | Adverbien und Steigerungsformen

1. Wer backt am besten? Fahre nach und verbinde.

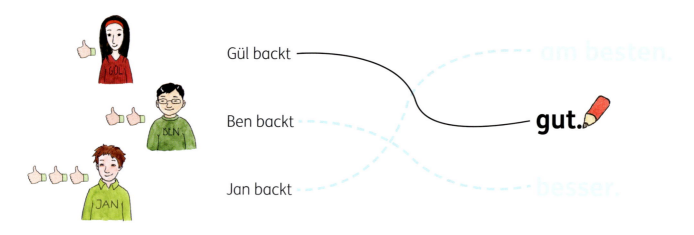

2. Schüttelsätze. Lies bitte und schreibe.

| koche | gut. | Ich |

Ich koche gut.

| Mama | besser. | kocht |

Mama

| am besten. | Papa | kocht |

⭐ 3. Und bei dir zu Hause? Wer kocht gut / besser / am besten?

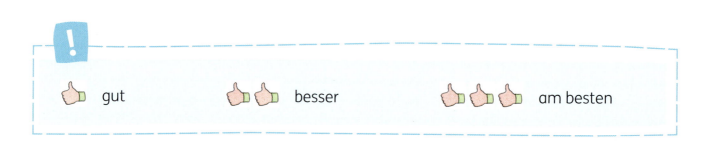

Grammatik üben

4. Was sagt Jan? Fahre nach.

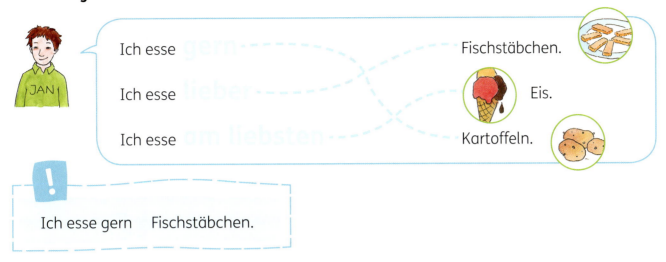

Ich esse gern Fischstäbchen.

5. Und du? Was isst du gern, lieber, am liebsten?

Ich esse gern

Ich esse

6. Was isst Emma gern? Lies bitte und verbinde.

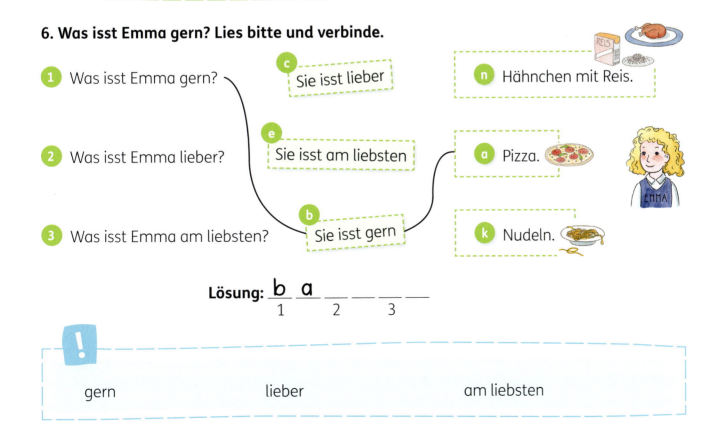

Lösung: b a ___ ___ ___
         1   2   3

gern   lieber   am liebsten

Grammatik üben

Ich mag keine Kirschen | Negativartikel

1. Was passt? Ordne zu.

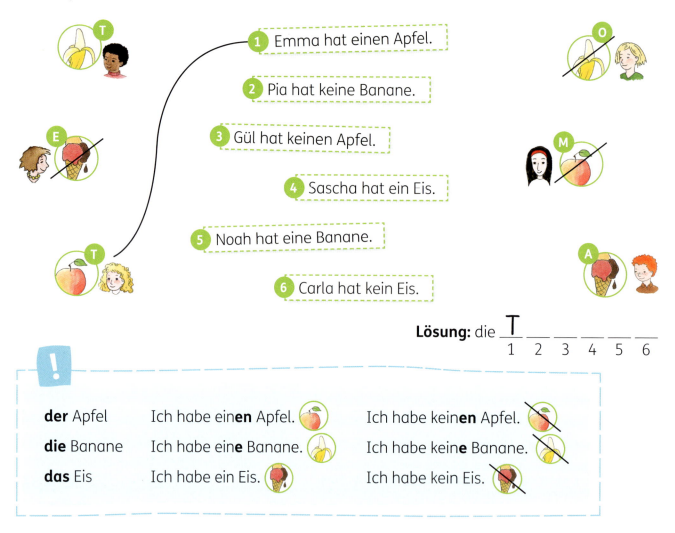

2. Was mögen die Kinder nicht? Ordne zu und schreibe.

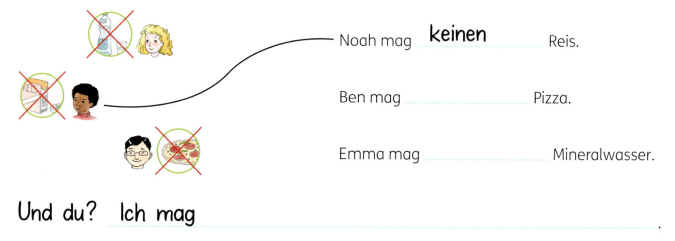

Grammatik üben

3. Was antworten die Kinder? Lies und kreuze an.

1. Magst du Tomaten?
   - ☒ Nein, ich mag keine Tomaten. **ER**
   - ☐ Ja, ich mag Tomaten. **BA**

2. Magst du Birnen?
   - ☒ Ja, ich mag Birnen. **DB**
   - ☐ Nein, ich mag keine Birnen. **KU**

3. Magst du Zwiebeln?
   - ☒ Nein, ich mag keine Zwiebeln. **EE**
   - ☐ Ja, ich mag Zwiebeln. **NA**

4. Magst du Kartoffeln?
   - ☐ Nein, ich mag keine Kartoffeln. **KI**
   - ☒ Ja, ich mag Kartoffeln. **RE**

Lösung: die E R __ __ __ __ __
              1   2   3   4

!
Ich mag   Kirschen.
Ich mag kein**e** Kirschen.

4. Wer mag was nicht? Schreibe.

kein Hähnchen • ~~keinen Salat~~
keine Bananen • keine Suppe

Pia mag keinen Salat.

Papa mag

Mama

Luis

25

Aufgaben für Profis und Partner

Mehr Aufgaben für Profis ✪ und Partner 👥

✪ **1. Mein Lieblings... Schreibe und zeichne.**

Mein Lieblingsessen: _____

Mein Lieblingsgetränk: _____

Mein Lieblingsobst: _____

Mein Lieblingsgemüse: _____

👥 **2. Ein Interview. Frage deinen Partner.**

Was ist dein Lieblingsessen?

Ich esse am liebsten Hähnchen mit Reis.

Ich habe kein Lieblingsessen.

Hast du ein Lieblingsgetränk?

Ja, mein Lieblingsgetränk ist Apfelsaft.

Nein, ich mag viele Getränke.

Was ist dein Lieblingsobst?

Ich esse gern Kirschen und Erdbeeren.

Magst du auch Birnen?

Nein, ich mag keine Birnen.

Was ist dein Lieblingsgemüse?

Ich esse am liebsten Gurken.

Aufgaben für Profis und Partner

3. Was möchtest du einkaufen? Schreibe einen Einkaufszettel. Frage deinen Partner und erzähle.

Obst	Gemüse	Getränke
1 Banane		

Möchtest du Obst kaufen?

Ja, ich möchte eine Banane kaufen.

Ich will kein Gemüse kaufen. Und du?

Ich schon. Ich will drei Tomaten kaufen.

Willst du Getränke kaufen?

Ich will Mineralwasser und Saft kaufen.

4. Was möchtest du heute essen und trinken? Male und schreibe.

Zuerst möchte ich

Dann möchte ich

Dann

Zum Schluss

Körper und Gesundheit   Wichtige Wörter

der Körper – die Körper

der Kopf – die Köpfe
das Gesicht – die Gesichter
der Hals – die Hälse
der Bauch – die Bäuche
die Nase – die Nasen
das Auge – die Augen
das Ohr – die Ohren
das Haar – die Haare
der Rücken – die Rücken

die Hand – die Hände
der Finger – die Finger
der Mund – die Münder
der Zahn – die Zähne
die Zunge – die Zungen

der Sinn – die Sinne

hören –
er hört
er hörte
er hat gehört

schmecken –
er schmeckt
er schmeckte
er hat geschmeckt

riechen –
sie riecht
sie roch
sie hat gerochen

fühlen –
sie fühlt
sie fühlte
sie hat gefühlt

sehen –
er sieht
er sah
er hat gesehen

Wichtige Wörter

die Körperpflege

das **Badezimmer** –
die Badezimmer

die **Zahnbürste** –
die Zahnbürsten

das **Handtuch** –
die Handtücher

der **Kamm** –
die Kämme

die **Bürste** –
die Bürsten

(sich) **waschen** –
er wäscht (sich)
er wusch (sich)
er hat (sich) gewaschen

die **Zähne putzen** –
er putzt die Zähne
er putzte die Zähne
er hat die Zähne geputzt

(sich) **kämmen** –
er kämmt (sich)
er kämmte (sich)
er hat (sich) gekämmt

(sich) **abtrocknen** –
er trocknet (sich) ab
er trocknete (sich) ab
er hat (sich) abgetrocknet

(sich) **föhnen** –
sie föhnt (sich)
sie föhnte (sich)
sie hat (sich) geföhnt

(sich) **duschen** –
sie duscht (sich)
sie duschte (sich)
sie hat (sich) geduscht

(sich) **rasieren** –
er rasiert (sich)
er rasierte (sich)
er hat (sich) rasiert

(sich) **anziehen** –
er zieht (sich) an
er zog (sich) an
er hat (sich) angezogen

Beim Arzt

das **Wartezimmer** –
die Wartezimmer

die **Ärztin** –
die Ärztinnen

der **Arzt** –
die Ärzte

der **Schmerz** –
die Schmerzen

die **Tropfen**
(Plural)

die **Tablette** –
die Tabletten

Die Wörter üben

1. Trage die Wörter ein.

2. Geheimschrift. Welche Wörter sind das?

der K a m m
     — 2 — —

das _ _ _ _ _ _
    11 1

die _ _ _ _ _ _
        9   7 6

_ _ _ _
5   10

_ _ _ _ _
  3   8

der _ _ _ _
    4

Lösung: _ a _ _ _ g _ → _ _ _ _ _
        1 2 3 4 5 6   7 8 9 10 11

Die Wörter üben

3. Löse das Rätsel.

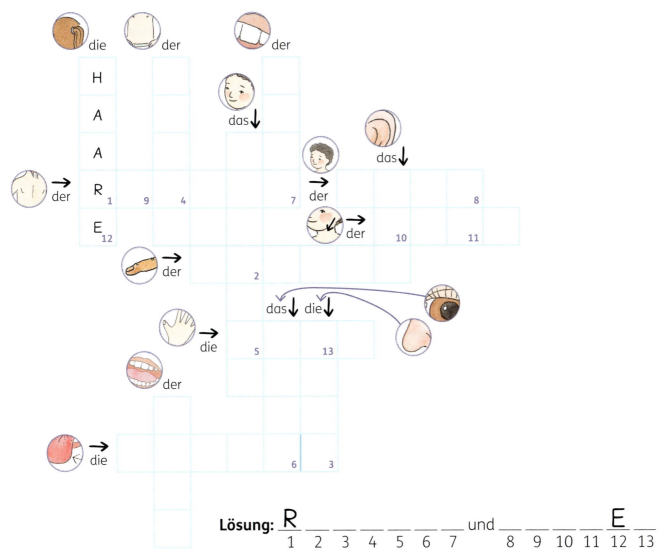

4. Was passt zusammen? Ordne zu.

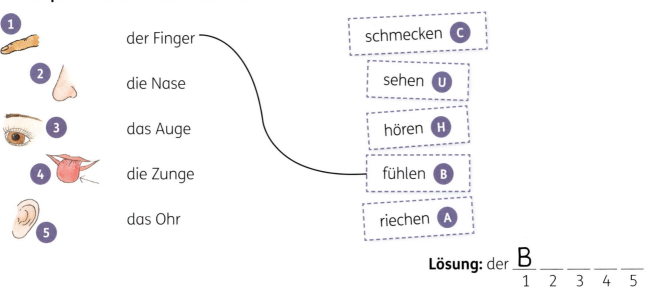

Körperpflege | Possessivpronomen

1. Was passt zusammen? Fahre nach und ordne zu.

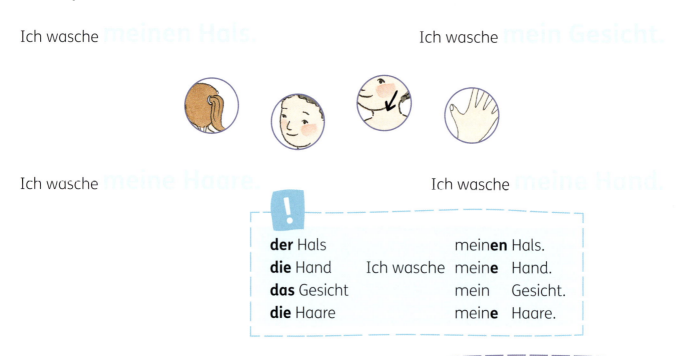

Ich wasche meinen Hals.   Ich wasche mein Gesicht.

Ich wasche meine Haare.   Ich wasche meine Hand.

der Hals		mein**en** Hals.
die Hand	Ich wasche	mein**e** Hand.
das Gesicht		mein Gesicht.
die Haare		mein**e** Haare.

2. Was suchen die Kinder? Ordne zu.

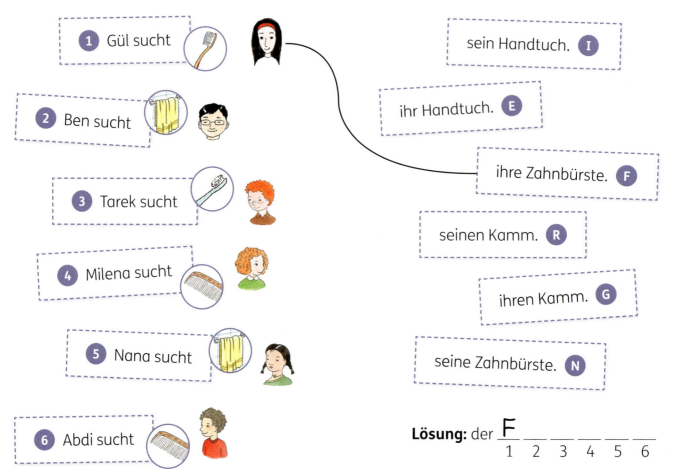

1 Gül sucht   —   sein Handtuch. **I**
2 Ben sucht   —   ihr Handtuch. **E**
3 Tarek sucht   —   ihre Zahnbürste. **F**
4 Milena sucht   —   seinen Kamm. **R**
5 Nana sucht   —   ihren Kamm. **G**
6 Abdi sucht   —   seine Zahnbürste. **N**

Lösung: der F _ _ _ _ _
                1 2 3 4 5 6

Grammatik üben

3. Was tun die Menschen im Badezimmer? Schreibe die Sätze fertig und verbinde.

ihre Haare • seine Zähne • seinen Rücken • ihre Bluse • seine Hose

Ich trockne meine Hände ab.

Stefano putzt __ __ __ __ __ __ __ .
                                  6

Tami zieht __ __ __ __ __ __ __ __ an.
                  4

Sami zieht __ __ __ __ __ __ __ __ an.
                3

Pia kämmt __ __ __ __ __ __ __ .
                1   2

Papa trocknet __ __ __ __ __ __ __ __ __ ab.
                      5

Lösung: das __ __ __ d t __ __ __
              1 2 3   4 5 6

⭐ **4. Mama fragt, Siri antwortet. Schreibe.**

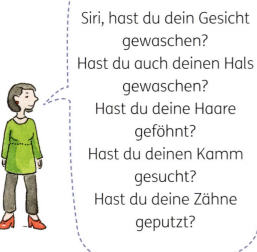

Siri, hast du dein Gesicht gewaschen?
Hast du auch deinen Hals gewaschen?
Hast du deine Haare geföhnt?
Hast du deinen Kamm gesucht?
Hast du deine Zähne geputzt?

Ja, ich habe mein Gesicht gewaschen.
Ja, ich habe _____
_____ gewaschen.
Ja, ich habe _____
Ja, ich habe _____
Ja, _____

33

Grammatik üben

Ich rieche mit meiner Nase | „mit" + Dativ

1. Womit mache ich das? Verbinde und fahre nach.

der Finger	Ich fühle **mit** mein**em** Finger.	Du fühlst **mit** dein**em** Finger.
die Zunge	Ich schmecke **mit** mein**er** Zunge.	Du schmeckst **mit** dein**er** Zunge.
das Ohr	Ich höre **mit** mein**em** Ohr.	Du hörst **mit** dein**em** Ohr.
die Augen (Plural)	Ich sehe **mit** mein**en** Augen.	Du siehst **mit** dein**en** Augen.

2. Das bist du. Verbinde. Kreise die Formen von „dein" ein.

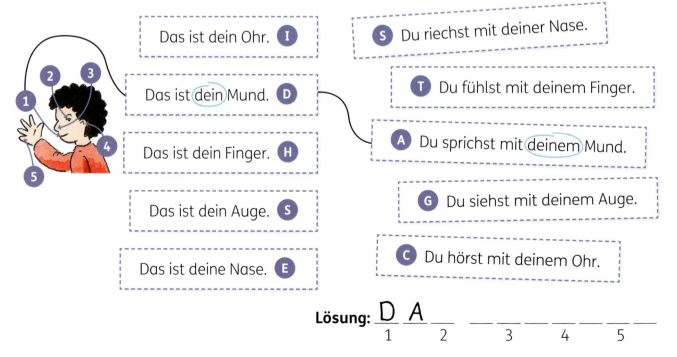

Lösung: D A __ __ __
        1   2   3   4   5

34

Grammatik üben

3. Wer spricht mit wem? Schreibe.

deiner • ~~meinem~~ • meinem • meiner • deinem • meiner • deiner • deinem

Ich spreche …   Und du? Du sprichst …

mit meinem Vater.   mit _____ Vater.

mit _____ Mutter.   mit _____ Mutter.

mit _____ Schwester.   mit _____ Bruder.

mit _____ Opa.   mit _____ Oma.

⭐ 4. Womit? Verbinde und schreibe.

1	der Finger	Alena telefoniert mit _____ .	E
2	die Nase	Carla zeigt mit ihrem Finger.	R
3	das Handy	Olga riecht mit _____ .	I
4	der Finger	Max hört mit _____ .	E
5	die Hand	Luis winkt mit _____ .	H
6	das Ohr	Ufuk macht „Pst" mit _____ .	C

Lösung: R __ __ __ __ __ N
         1 2 3 4 5 6

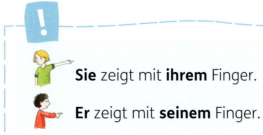

Sie zeigt mit **ihrem** Finger.

Er zeigt mit **seinem** Finger.

35

Grammatik üben

Noch mehr Körperpflege | Reflexivpronomen

1. Wer sagt was? Ordne zu.

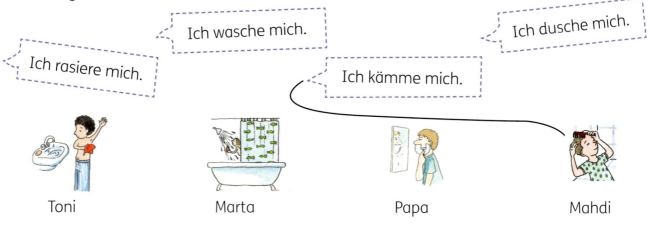

2. Wer macht was? Ordne zu.

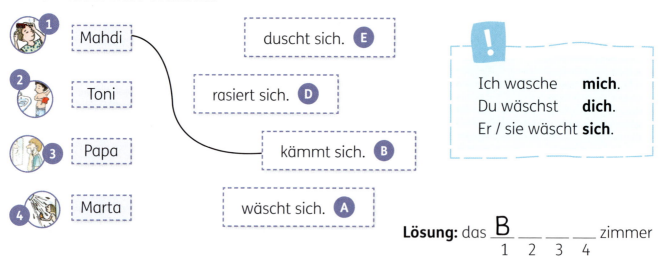

Ich wasche **mich**.
Du wäschst **dich**.
Er / sie wäscht **sich**.

Lösung: das __B__ __ __ __ zimmer
            1 2 3 4

3. Was passt? Ordne zu und fahre nach.

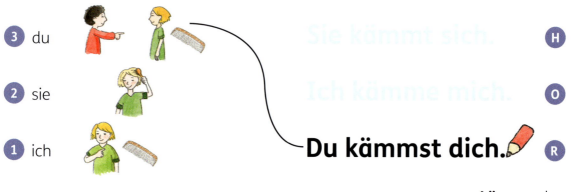

Lösung: das __ __ __R__
           1 2 3

Grammatik üben

4. Fragen und Antworten. Ordne zu.

1 Kämmst du dich?   Ja, ich ziehe mich an. H

2 Papa, wäschst du dich?   Nein, ich wasche mich. N

3 Ziehst du dich an?   Nein, ich trockne mich ab. A

4 Duschst du dich? Ja, ich kämme mich. Z

Lösung: der Z __ __ __ arzt
                   1 2 3 4

5. Mich – dich – sich. Schreibe.

mich • ~~dich~~ • sich • dich • sich

sich anziehen   Du ziehst __dich__ an.

sich ansehen   Ich sehe _____ im Spiegel an.

sich abtrocknen   Er trocknet _____ ab.

sich ausziehen   Du ziehst _____ aus.

sich anziehen   Sie zieht _____ an.

sich **an**ziehen → Ich ziehe mich **an**.

Grammatik üben

Komm! | Imperativ

1. Wer soll was tun? Fahre nach.

Geh ins Badezimmer!   Geht ins Badezimmer!

Wasch die Hände!   Wascht die Hände!

Putz die Zähne!   Putzt die Zähne!

Kämm die Haare!   Kämmt die Haare!

Komm in die Küche!   Kommt in die Küche!

2. Was sagt Mama? Lies und kreuze an.

1 ☐ Wascht die Hände! **S**
  ☐ Wasch die Hände! **K**

2 ☐ Kämmt die Haare! **A**
  ☐ Kämm die Haare! **O**

3 ☐ Geh ins Badezimmer! **E**
  ☐ Geht ins Badezimmer! **M**

4 ☐ Föhnt die Haare! **F**
  ☐ Föhn die Haare! **M**

Lösung: der K __ __ __
              1 2 3 4

38

Grammatik üben

3. Was sagt die Lehrerin? Was tun die Kinder? Ordne zu.

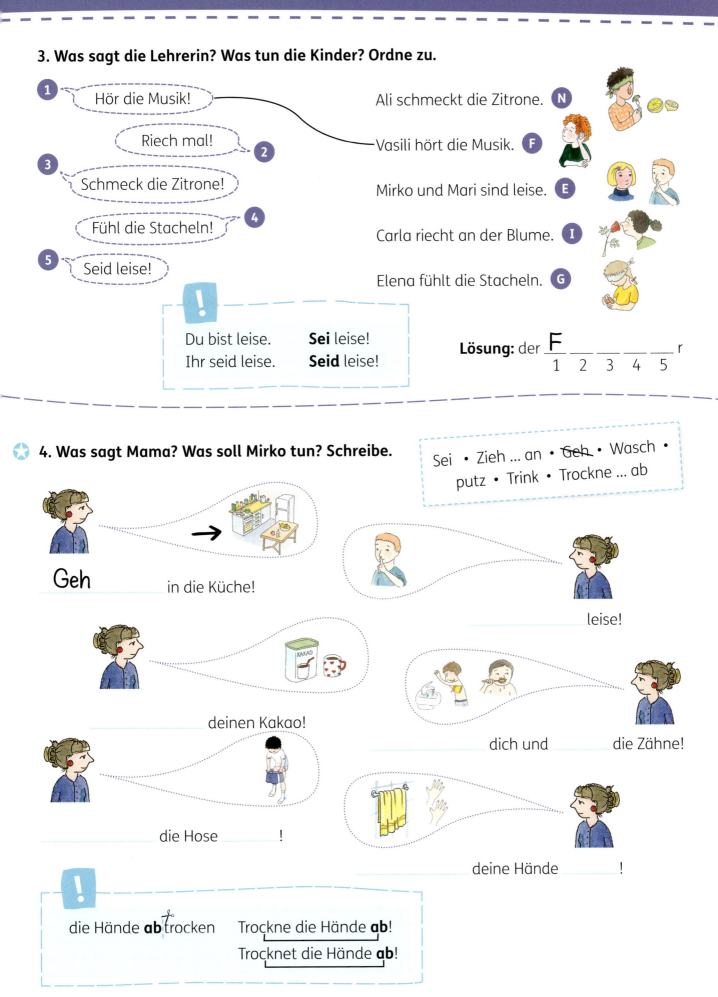

1 Hör die Musik!
2 Riech mal!
3 Schmeck die Zitrone!
4 Fühl die Stacheln!
5 Seid leise!

Ali schmeckt die Zitrone. N
Vasili hört die Musik. F
Mirko und Mari sind leise. E
Carla riecht an der Blume. I
Elena fühlt die Stacheln. G

! Du bist leise.   **Sei** leise!
  Ihr seid leise. **Seid** leise!

Lösung: der F _ _ _ _ r
             1 2 3 4 5

4. Was sagt Mama? Was soll Mirko tun? Schreibe.

Sei • Zieh … an • ~~Geh~~ • Wasch • putz • Trink • Trockne … ab

Geh in die Küche!

_____ leise!

_____ deinen Kakao!

_____ dich und _____ die Zähne!

_____ die Hose _____!

_____ deine Hände _____!

! die Hände **ab**trocknen   Trockne die Hände **ab**!
                             Trocknet die Hände **ab**!

39

Augenarzt und Zahnarzt | Komposita

1. Ärzte. Verbinde und schreibe.

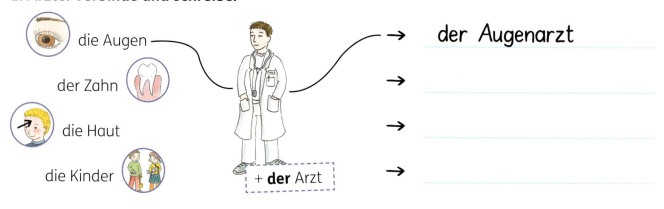

→ der Augenarzt
→
→
→

2. Beim Zahnarzt. Verbinde und schreibe.

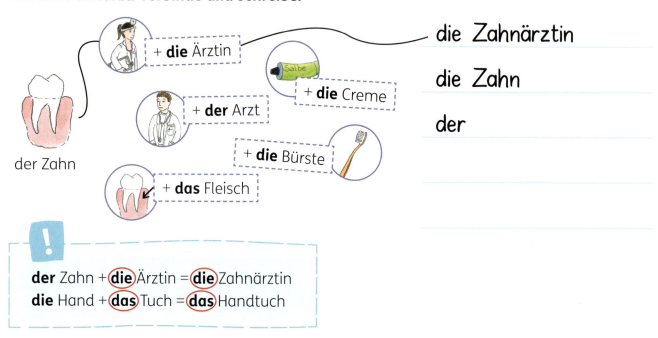

die Zahnärztin
die Zahn
der

der Zahn + **die** Ärztin = **die** Zahnärztin
die Hand + **das** Tuch = **das** Handtuch

3. Im Badezimmer. Was passt zusammen? Verbinde und schreibe.

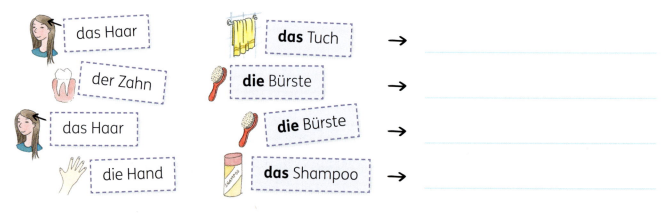

→
→
→
→

40

Grammatik üben

⭐ **3. Medikamente. Lies bitte und ordne zu.**

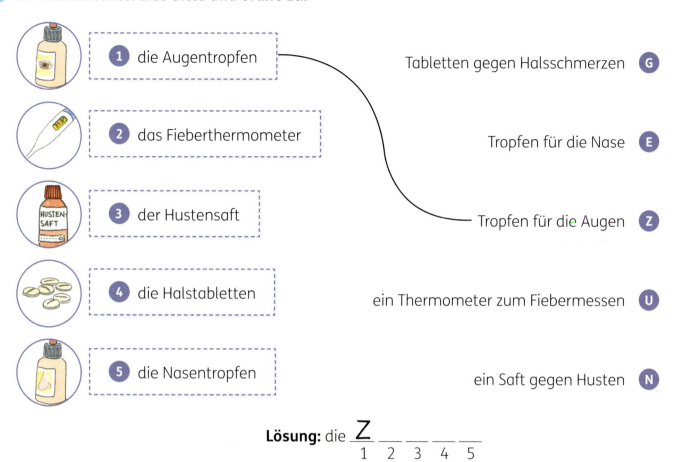

Lösung: die Z __ __ __ __
         1 2 3 4 5

4. Zimmer. Verbinde.

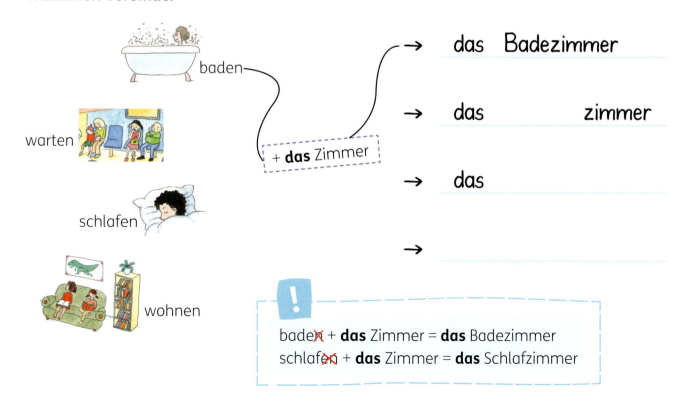

baden + **das** Zimmer = **das** Badezimmer
schlafen + **das** Zimmer = **das** Schlafzimmer

41

Aufgaben für Profis und Partner

Mehr Aufgaben für Profis ✪ und Partner

1. Pantomime. Was machst du? Dein Partner muss raten.

- Trocknest du dich ab?
- Ja, ich trockne mich ab.
- Nein, ich trockne mich nicht ab. Ich föhne meine Haare.
- Duschst du dich?
- Ja, richtig! Ich dusche mich.
- Nein, ich wasche mich.
- Wäschst du deine Hände?
- Genau!

2. Partnersätze. Was tun die Personen? Erzählt.

du: Anna …

dein Partner: … föhnt sich die Haare.

Anna

Ali

Ria

Maja

Sami

Papa

Aufgaben für Profis und Partner

3. Schreibe in einer Minute so viele Komposita auf wie möglich.

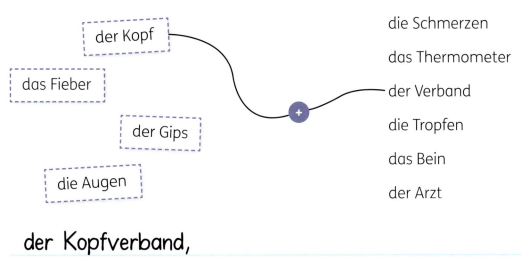

der Kopfverband,

4. Beim Arzt. Ein Rollenspiel.

In der Stadt
Wichtige Wörter

> **Auf der Straße**

das Auto – die Autos　　**der Bus** – die Busse　　**die Straßenbahn** – die Straßenbahnen　　**das Taxi** – die Taxis

　**der Fahrradweg** – die Fahrradwege　　**die Ampel** – die Ampeln　　　**der Gehweg** – die Gehwege

das Fahrrad – die Fahrräder

die Straße – die Straßen

gehen –
sie geht
sie ging
sie ist gegangen

laufen –
er läuft
er lief
er ist gelaufen

fahren –
er fährt
er fuhr
er ist gefahren

schwimmen –
sie schwimmt
sie schwamm
sie ist geschwommen

klettern –
er klettert
er kletterte
er ist geklettert

telefonieren –
sie telefoniert
sie telefonierte
sie hat telefoniert

fotografieren –
er fotografiert
er fotografierte
er hat fotografiert

warten –
er wartet
er wartete
er hat gewartet

einen Ausflug machen –
sie machten einen Ausflug
sie haben einen Ausflug gemacht

Wichtige Wörter

Pia steht **neben** Luis.

Steffi sitzt **zwischen** Thomas und Max.

Der Kiosk ist **gegenüber** der Buchhandlung.

Das Buch liegt **auf** dem Tisch.

Der Mantel hängt **in** dem Schrank.

In der Stadt

das Museum – die Museen

das Kino – die Kinos

das Schwimmbad – die Schwimmbäder

das Geschäft – die Geschäfte

die Apotheke – die Apotheken

die Fleischerei – die Fleschereien
die Metzgerei – die Metzgereien

die Buchhandlung – die Buchhandlungen

das Schuhgeschäft – die Schuhgeschäfte

das Schreibwarengeschäft – die Schreibwarengeschäfte

die Bäckerei – die Bäckereien

der Kiosk – die Kioske

Die Wörter üben

1. Geheimschrift. Welche Präpositionen sind das?

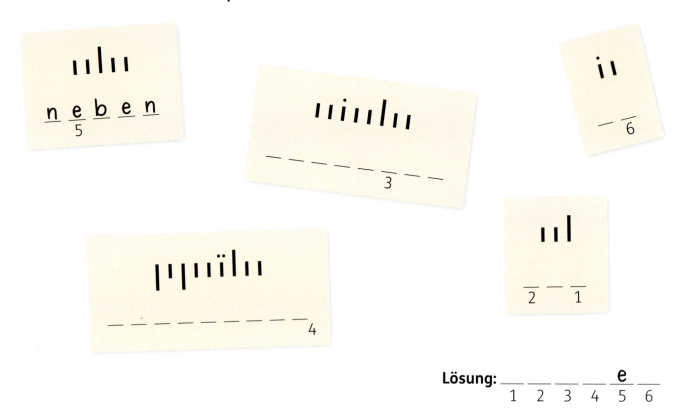

Lösung: __ __ __ __ e __
         1 2 3 4 5 6

2. Unterwegs auf der Straße. Finde und markiere die 10 Wörter.

S	T	R	A	ß	E	N	B	A	H	N	Ä	O
T	I	Y	U	B	N	X	Ü	B	L	M	C	J
G	D	W	A	R	T	E	N	E	Q	S	N	F
E	K	I	W	H	J	N	K	C	B	U	A	A
H	L	T	Ü	F	A	H	R	R	A	D	O	H
E	Ö	A	F	B	K	R	E	C	N	P	Q	R
N	Y	X	D	B	Y	A	U	T	O	Ü	X	E
P	Q	I	G	U	X	B	N	Q	Y	Q	C	N
Ü	L	P	J	S	T	L	A	U	F	E	N	Ü
F	O	T	O	G	R	A	F	I	E	R	E	N

Die Wörter üben

3. Trage die Wörter ein.

4. Was tun die Kinder? Ordne zu.

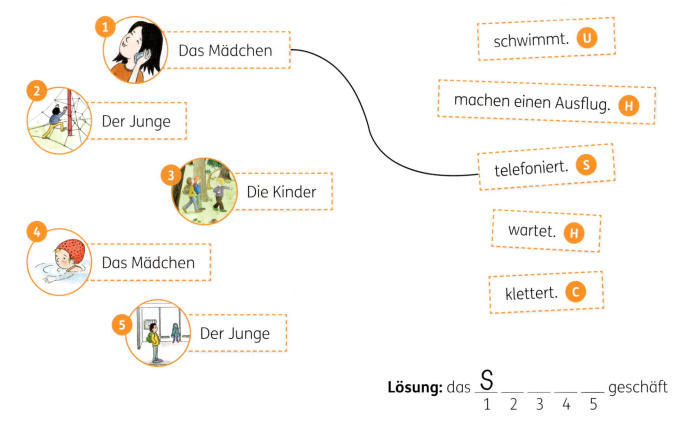

Lösung: das S̲ __ __ __ __ geschäft
         1 2 3 4 5

Grammatik üben

Wo ist ...? | Präpositionen mit Dativ

1. Wo? Fahre nach.

Die Buchhandlung ist **neben dem** Schuhgeschäft.

Der Kiosk ist *gegenüber der* Buchhandlung.

Der Blumenladen ist *zwischen der* Apotheke und *der* Buchhandlung.

Der Mann steht *auf dem* Gehweg.

Der Verkäufer steht *in dem* Kiosk.

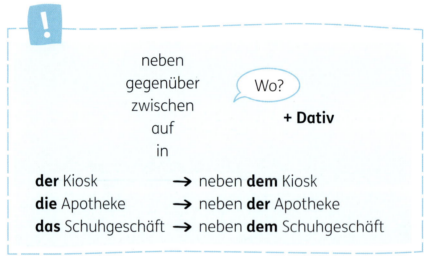

2. Wo sind die Geschäfte? Verbinde.

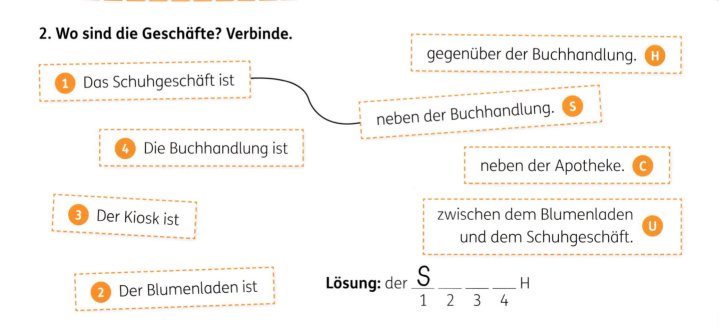

Lösung: der S __ __ __ H
         1 2 3 4

Grammatik üben

3. Wo sind die Personen? Ordne zu.

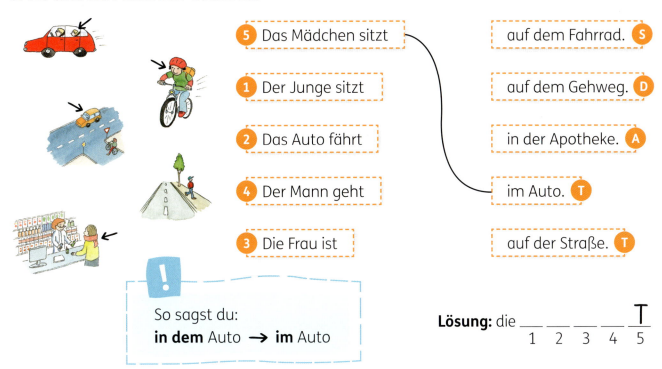

5 Das Mädchen sitzt — auf dem Fahrrad. **S**

1 Der Junge sitzt — auf dem Gehweg. **D**

2 Das Auto fährt — in der Apotheke. **A**

4 Der Mann geht — im Auto. **T**

3 Die Frau ist — auf der Straße. **T**

! So sagst du: **in dem** Auto → **im** Auto

Lösung: die __ __ __ __ T
              1   2   3   4   5

4. Wo steht Paco? Schreibe. Kreise den Artikel ein.

im Schuhgeschäft • an der Ampel • vor dem Taxi •
zwischen dem Kiosk und dem Fahrrad • ~~neben dem Fahrrad~~

 Das ist (das) Fahrrad.   Paco steht neben (dem) Fahrrad.

 Das ist die Ampel.   Paco steht _____.

 Das ist das Taxi.   Paco steht _____.

 Das sind der Kiosk   Paco steht _____
und das Fahrrad.   _____.

 Das ist das Schuhgeschäft.   Paco steht _____.

49

Grammatik üben

Unterwegs in der Stadt | Sätze mit Ortsangaben

1. Wo machst du was? Ordne zu.

1. Ich warte an der Bushaltestelle.
2. Ich fahre auf dem Fahrradweg.
3. Ich warte an der roten Ampel.
4. Ich gehe auf dem Gehweg.

Lösung: das T _ _ _
           1 2 3 4

2. Mama ruft an. Schreibe.

in der Bahnhofstraße • bei Ben • ~~im Schwimmbad~~ • bei Gül

Hülya, wo bist du?

Ich bin im Schwimmbad

Ich bin

Wir sind

Ich bin

Ich bin gleich zu Hause.

! Ich bin **bei** Gül.
Ich bin **bei** meiner Oma.

Grammatik üben

3. Wo kauft Pia was? Schreibe.

Bäckerei: Brot
Schreibwarengeschäft: Stifte
Apotheke: Nasentropfen
Schuhgeschäft: Schuhe

Pia kauft Brot in der Bäckerei.

Sie kauft Stifte _____.

Sie kauft _____.

Sie kauft _____.

4. Wer arbeitet wo? Ordne zu.

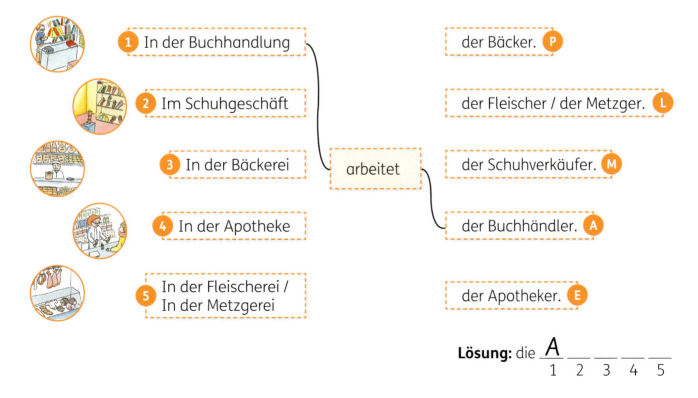

Lösung: die A __ __ __ __
                1 2 3 4 5

Grammatik üben

Am Wochenende | Perfekt mit „haben"

1. Gestern und heute. Fahre nach und ordne zu.

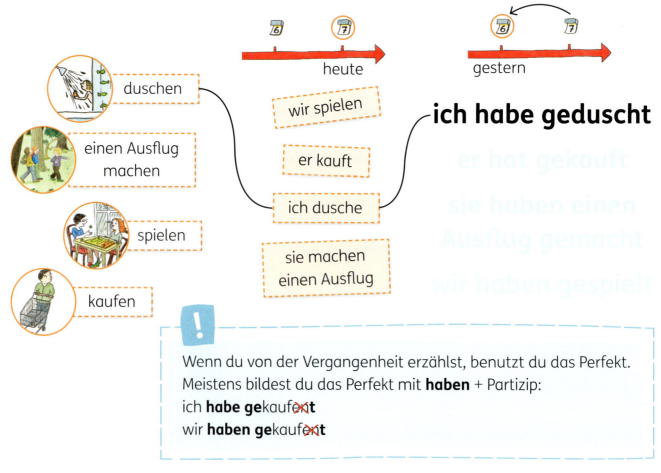

Wenn du von der Vergangenheit erzählst, benutzt du das Perfekt.
Meistens bildest du das Perfekt mit **haben** + Partizip:
ich **habe ge**kauf~~en~~**t**
wir **haben ge**kauf~~en~~**t**

---

2. An der Bushaltestelle. Schreibe.

er hat _____.

---

3. Fahre nach und ordne zu.

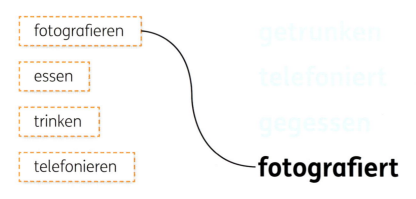

Viele Verben haben ein **unregelmäßiges Partizip.** Du musst es lernen.

Grammatik üben

4. Was haben die Kinder am Wochenende gemacht? Lies und ordne zu.

a Ich habe einen Ausflug gemacht.

f Ich habe mit Oma telefoniert.

r Wir haben Pizza gegessen.

h Ich habe Limonade getrunken.

Ich **habe** mit Toni **gespielt**.

Lösung: ich __f__ __ __ __ e
             1 2 3 4

5. Schreibe die Sätze fertig.

haben … gespielt • haben … gemacht • haben gegessen • hat … gewartet • ~~hat … gekauft~~

Das Mädchen h a t ein Eis g e k a u f t .
              1

Die Kinder ___ ___ ___ ___ ___ einen Ausflug ___ ___ ___ ___ ___ ___ ___ .
                  6   7

Der Junge ___ ___ ___ auf den Bus ___ ___ ___ ___ ___ ___ ___ ___ .
                                                  2

Die Mädchen ___ ___ ___ ___ ___ gestern ___ ___ ___ ___ ___ ___ ___ ___ .
                    3

Die Kinder ___ ___ ___ ___ ___ Kuchen ___ ___ ___ ___ ___ .
                8   9   4   5

Lösung: die S _t_ ___ ___ ß ___ ___ ___ ___ ___ ___
              1 2 3   4 5 6 7 8 9

Grammatik üben

Unterwegs | Perfekt mit „sein"

1. Was passt zusammen? Verbinde.

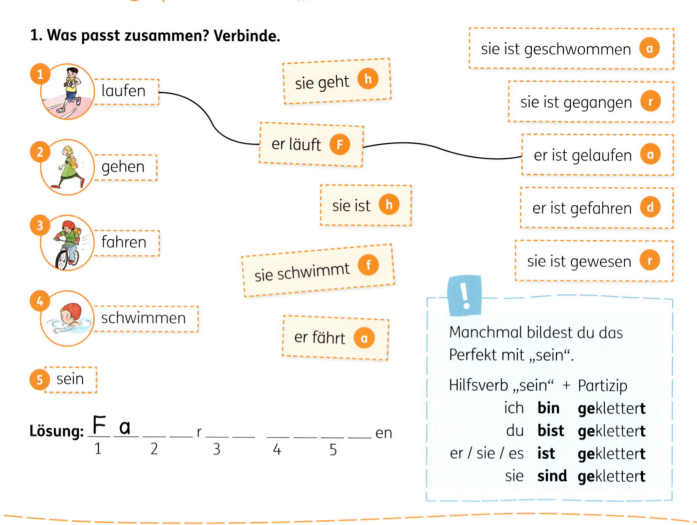

Lösung: F a __ __ r __ __ __ __ __ en
         1 2   3   4   5

2. Wer ist gestern wo gewesen? Ordne zu.

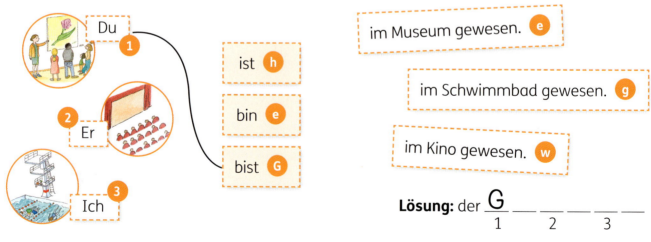

Lösung: der G __ __ __
            1 2 3

⭐ **3. Wo bist du gestern gewesen? Schreibe.**

Ich

Grammatik üben

4. Schreibe richtig.

gelaufen. | nach Hause | bist | Du

Du bist nach Hause gelaufen.

mit der Straßenbahn | Er | gefahren. | ist

auf dem Spielplatz | ist | Sie | geklettert.

gegangen. | auf dem Gehweg | Ich | bin

bist | mit dem Fahrrad | gefahren. | Du

> **!** Perfekt mit „sein": bei Verben, die eine Bewegung ausdrücken: gehen, laufen, fahren, schwimmen, klettern …
>
>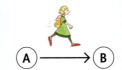
> Ich **bin** gegangen.

---

5. Perfekt mit „haben" oder „sein"? Schreibe.

hat • haben • sind • ~~hat~~ • ist • sind

 Carlos **hat** die Katze fotografiert.

 Sam und Semira _____ im Schwimmbad geschwommen.

Luna _____ Kuchen gekauft.

 Die Kinder _____ mit dem Bus gefahren.

Tom _____ 1000 Meter gelaufen.

 Can und Jakub _____ Fußball gespielt.

55

Grammatik üben

Mein Wochenende | Perfektsätze mit Inversion

1. Was hat Tom am Wochenende gemacht? Verbinde.

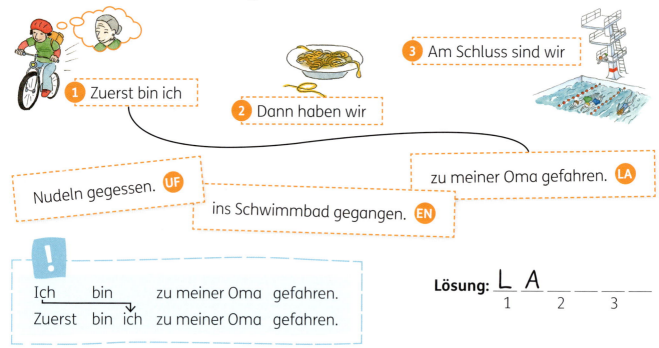

① Zuerst bin ich
② Dann haben wir
③ Am Schluss sind wir

Nudeln gegessen. **UF**
ins Schwimmbad gegangen. **EN**
zu meiner Oma gefahren. **LA**

!
Ich bin zu meiner Oma gefahren.
Zuerst bin ich zu meiner Oma gefahren.

Lösung: L A __ __ __
         1   2 3

2. Gestern Abend. Was erzählt Tina? Schreibe.

 1 Tina ist Fahrrad gefahren.

2 Sie hat Limonade getrunken.

 4 Sie hat Pizza gegessen.

 3 Sie hat geduscht.

Zuerst bin ich Fahrrad gefahren.

Dann habe ich

Danach

Zum Schluss

!
So kannst du sagen:
danach = dann

Grammatik üben

3. Was hat Hatice am Wochenende gemacht? Schreibe die Sätze fertig.

hat sie … gespielt • ist sie … gelaufen • hat sie … gekauft • ~~ist sie … gegangen~~

Zuerst __ist sie__ ins Schwimmbad __gegangen__.
　　　　　　　　　　　　　　　　　　1

Dann ___ ___ ein Eis ___.
　　　　　　　　　　　2

Danach ___ ___ zu Tina ___.
　　　　　　　　　　　　　　　5

Zum Schluss ___ ___ Basketball ___.
　　　　　　　　3　　　　　　　　　4

Lösung: __g__ __ __ __ __
　　　　　1　2　3　4　5

4. Mama, Papa und Ali gehen einkaufen. Schreibe richtig.

| hat | Papa | eine Hose | Zuerst | gekauft. |

| eine Zahnbürste | Mama | gekauft. | hat | Dann |

| Ali | Dann | hat | gekauft. | ein T-Shirt |

| Mama, Papa und Ali | haben | Zum Schluss | ein Eis | gekauft. |

Aufgaben für Profis und Partner

Mehr Aufgaben für Profis ✪ und Partner 👥

1. Was habe ich in den Ferien gemacht? Zeichnet, fragt und antwortet.

 Was habe ich in den Ferien gemacht?

 Du bist im Schwimmbad gewesen.

Nein, das ist nicht richtig.

Du bist im See geschwommen.

Ja, genau. Ich bin im See geschwommen.

---

2. Ein Interview über das Wochenende. Frage deinen Partner.

Was hast du am Samstag gemacht?

Ich bin Fahrrad gefahren.

Ich habe beim Bäcker Brot gekauft.

Ich bin am Wochenende bei meiner Freundin gewesen. Und du?

Ich habe mit meinem Bruder gespielt.

Ich bin auch bei meiner Freundin gewesen.

Was hast du am Sonntag gemacht?

Zuerst bin ich mit meiner Schwester im Schwimmbad gewesen. Dann haben wir Pizza gegessen.

Nichts Besonderes.

Aufgaben für Profis und Partner

3. Partnersätze. Was passt zusammen? Findet weitere Sätze.

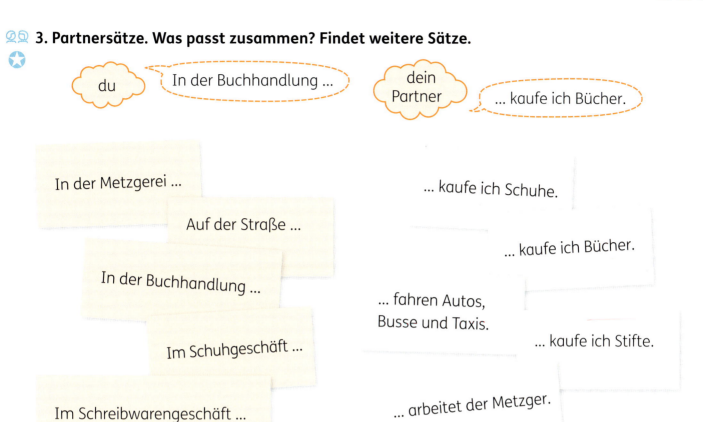

- In der Metzgerei …
- Auf der Straße …
- In der Buchhandlung …
- Im Schuhgeschäft …
- Im Schreibwarengeschäft …

- … kaufe ich Schuhe.
- … kaufe ich Bücher.
- … fahren Autos, Busse und Taxis.
- … kaufe ich Stifte.
- … arbeitet der Metzger.

du — In der Buchhandlung …
dein Partner — … kaufe ich Bücher.

4. Welches Geschäft ist das? Frage deinen Partner.

Das Geschäft ist neben der Buchhandlung. Welches Geschäft ist das?

Ist es das Schuhgeschäft?

Nein, das ist es nicht.

Ist es der Blumenladen?

Ja, richtig! Es ist der Blumenladen. Welches Geschäft ist das? Es ist zwischen …

Teste dich! — Einkaufen

1. Was möchten die Kinder nicht essen? Schreibe.

  Asmera möchte _____ essen.

  Mari _____

  John _____

Kontrolliere bitte. Lies rückwärts.
nehcsriK eniek
nesse nleffotraK eniek ethcöm
nesse netamoT eniek ethcöm

2. Einen Apfelkuchen backen. Schreibe in der richtigen Reihenfolge.

die Äpfel schälen
die Äpfel schneiden
den Teig rühren
den Kuchen backen

_____ schälen wir die Äpfel.

_____ die Äpfel.

_____ den Teig.

_____ den Kuchen.

Alles richtig? Kontrolliere auf Seite 20.

3. Wer kann am besten backen? Schreibe.

 Gül backt _____

 Ben backt _____

 Jan backt _____

Alles richtig? Kontrolliere auf Seite 22.

Körper und Gesundheit — Teste dich!

1. Womit? Verbinde und schreibe.

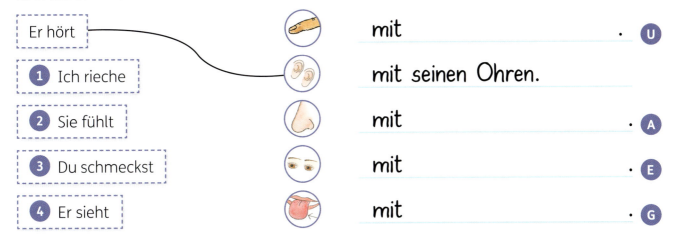

Er hört	mit _____ • U
1 Ich rieche	mit seinen Ohren.
2 Sie fühlt	mit _____ • A
3 Du schmeckst	mit _____ • E
4 Er sieht	mit _____ • G

Lösung: das ___ ___ ___ ___
              1 2 3 4

2. Was sagt Mama? Was sollen die Kinder tun? Schreibe.

Kontrolliere bitte. Lies rückwärts.
1. nhoF • 2. dieS • 3. t7tuP • 4. ieS

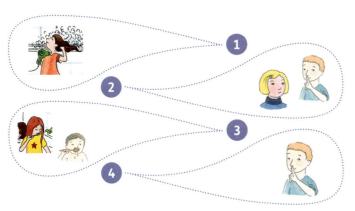

_____ deine Haare!

_____ ruhig!

_____ die Zähne!

_____ ruhig!

3. Welche Wörter sind das? Schreibe mit Artikel (der, die, das).

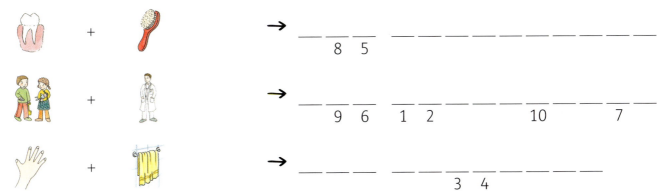

Lösung: das ___ ___ ___ ___ ___ ___ ___ ___ mm ___ ___
               1 2 3 4 5 6 7 8   9 10

Teste dich! — In der Stadt

1. Was passt zusammen? Ordne zu.

(1) auf der   (4) im   (3) in der   (2) auf dem

Schwimmbad **re**   Fahrrad **h**   Straße **ic**   Bäckerei **fah**

Lösung: __ __ __   __ __ __ __
         1 2 3   4

2. Was haben die Kinder gemacht? Schreibe.

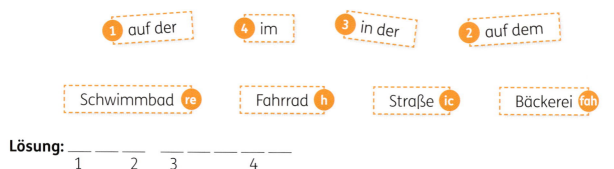

Toni hat _____

Noah und Asmera _____

Hülya _____

Nana _____

Alles richtig? Kontrolliere auf Seite 53.

3. Was hast du am Wochenende gemacht? Schreibe.

 fahren   Zuerst bin ich _____ mit dem Bus _____ gefahren.

 gehen   _____ ins Museum _____

 essen   _____ Kuchen _____

 laufen   _____ nach Hause _____

Kontrolliere bitte. Lies rückwärts.
.nerhafeg suB med tim hci nib tsreuZ
.negnageg muesuM sni hci nib hcanaD / nnaD
.nessegeg nehcuK hci ebah hcanaD / nnaD
.nefualeg esuaH hcan hci nib ssulhcS muZ

Wichtige Begriffe

das **Nomen**	die **Frau**	der **Hund**	das **Buch**
Singular (Einzahl)	**der** Bleistift		
Plural (Mehrzahl)	**die** Bleistift**e**		
der **bestimmte Artikel**	**die** Frau	**der** Hund	**das** Buch
der **unbestimmte Artikel**	**eine** Frau	**ein** Hund	**ein** Buch
der **Negativartikel**	**keine** Frau	**kein** Hund	**kein** Buch

Komposita
(zusammengesetzte Nomen)

Nomen + Nomen
der Zahn + **die** Bürste → **die** Zahnbürste

Verb + Nomen
schlaf~~en~~ + **das** Zimmer → **das** Schlafzimmer
warte~~n~~ + **das** Zimmer → **das** Wartezimmer

das **Possessivpronomen**

Wem gehört …?

Das ist **mein** Ball.

Das ist **dein** Bleistift.

Das ist **sein** Fahrrad.

Das ist **ihr** Buch.

Wichtige Begriffe

das **Verb**

das **Präsens** (die Gegenwart)

Was tut ...?

Der Junge **wartet** an der Ampel.

das **Perfekt**
(die Vergangenheit)

Was hat ... getan?

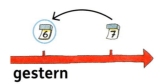

Das Mädchen **hat** ein Eis **gekauft**.

Das Mädchen **ist** Fahrrad **gefahren**.

Modalverben

möchten: Ich **möchte** ein Eis kaufen.
wollen: Ich **will** einen Apfel essen.

der **Imperativ**
(die Befehlsform)

du geh~~st~~ → Geh(e)!   ihr geht → Geht!

das **Objekt**

der **Dativ**

Wem ...?
Mit wem oder was ...?

Ich helfe **der Lehrerin**.
Ich fahre mit **dem Fahrrad**.

der **Akkusativ**

Wen oder was ...?

Ich kaufe **einen Apfel**.
Ich suche **die Zahnbürste**.

das **Reflexivpronomen**

ich wasche **mich**
du wäschst **dich**
er/sie wäscht **sich**

die **Präposition**

Wo ...?

vor, in, zwischen, neben, gegenüber, bei, an ...

Der Junge geht **auf** dem Gehweg.